18.

SYLLABAIRE

ET

PREMIER LIVRE DE LECTURE

A L'USAGE DE

L'ÉCOLE PRIMAIRE PUBLIQUE

DE MULHOUSE.

PAR

L. BADER.

(6e édition.)

MULHOUSE,

EMILE PERRIN, LIBRAIRE-ÉDITEUR,

RUE DES BOULANGERS, 14.

1858.

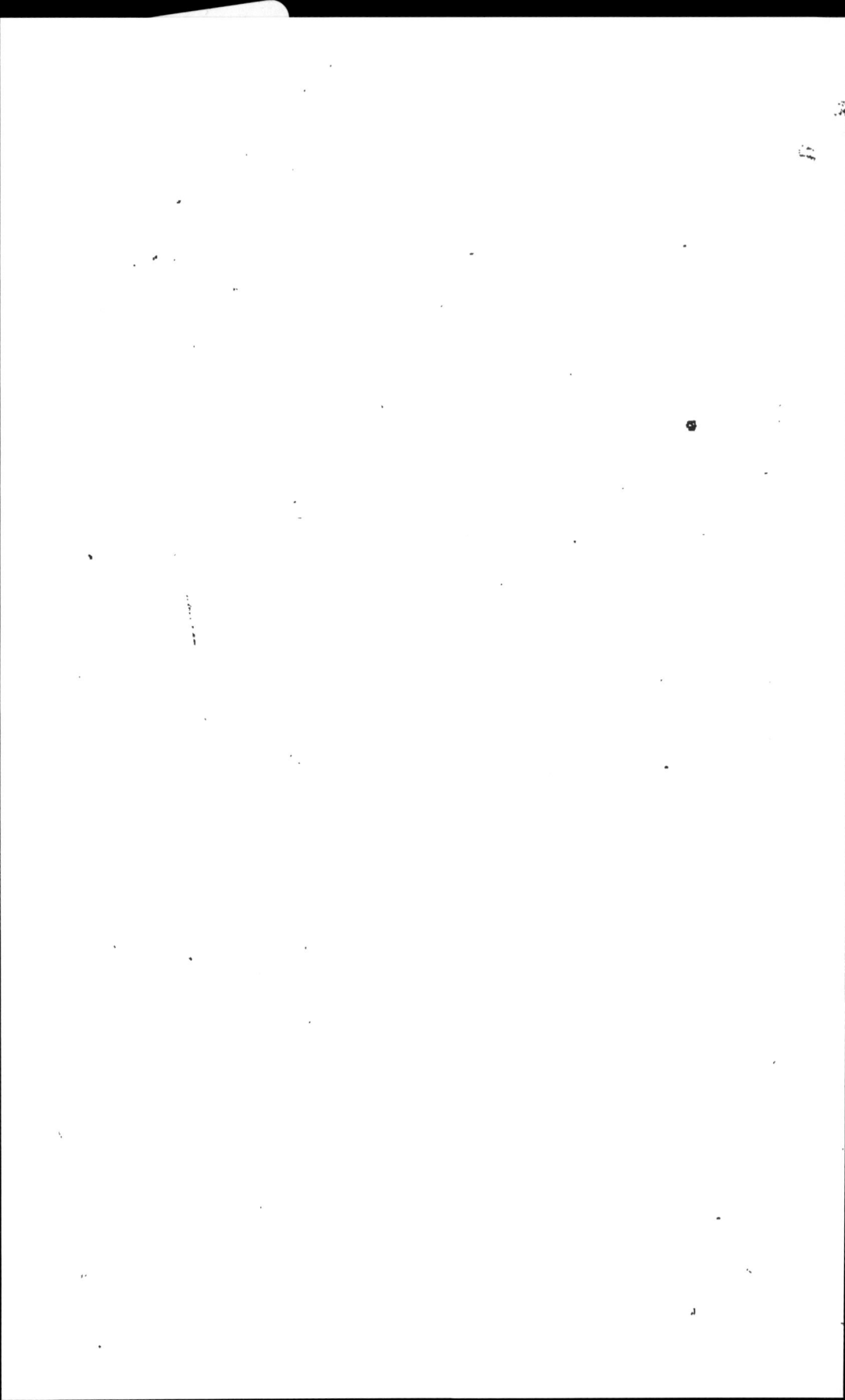

SYLLABAIRE

ET

PREMIER LIVRE DE LECTURE

A L'USAGE DE

L'ÉCOLE PRIMAIRE PUBLIQUE

DE MULHOUSE,

PAR

L. BADER.

(6e édition.)

MULHOUSE,

EMILE PERRIN, LIBRAIRE-ÉDITEUR,

RUE DES BOULANGERS, 14.

1858

PRÉFACE

de la 4ᵉ édition.

———❦———

Ce petit livre, rédigé d'abord, comme son titre l'indique, en vue des besoins spéciaux de l'école primaire de Mulhouse, a été admis en outre dans un assez grand nombre d'institutions scolaires des communes environnantes. L'auteur, reconnaissant envers ses collègues de l'honneur qu'ils lui ont fait en introduisant son syllabaire dans leurs écoles, s'est cru plus fortement engagé encore à apporter à son travail les améliorations dont il lui a paru susceptible, et dont plusieurs lui ont été signalées par l'expérience de ses collaborateurs. Il croit aussi devoir offrir à MM. les instituteurs quelques explications sur le but qu'il s'est proposé, en composant ce premier livre de lecture, et sur la manière la plus utile, selon lui, de le faire servir à l'instruction des élèves

L'idée principale qui nous a guidé, c'est de faire concourir, dès le début, toutes les parties de l'enseignement scolaire à l'objet capital de l'éducation qui est le développement des facultés de l'esprit et du cœur. La lecture, l'écriture, le calcul, l'étude même de la langue nationale ne sont que des moyens d'éducation. L'école qui ne se poserait d'autre but que de donner à la jeunesse ces instruments du savoir,

sans lui apprendre à s'en servir pour son perfec-
tionnement moral, manquerait à sa plus belle mission,
à son devoir le plus strict. On a mis en doute, non
sans raison, si une pareille école ne serait pas une
institution plus pernicieuse encore que bienfaisante.

Nous avons donc voulu donner, le plus prompte-
ment possible, à l'enseignement de la lecture, son
but utile, sûr ainsi de le rendre en outre plus at-
trayant pour l'enfance. Dès que l'élève connaît ses
voyelles et seulement cinq consonnes, nous lui faisons lire des mots qui présentent un sens, et nous
avons tâché de faire en sorte qu'il n'en lise pas un
seul qu'il ne comprenne ou qu'on ne puisse lui ex-
pliquer. A mesure donc qu'il apprend à connaître
de nouvelles lettres ou de nouvelles combinaisons de
lettres, il étend par la lecture, par une lecture qui
n'a rien de machinal ou de routinier, le cercle de
ses connaissances tout au moins dans le domaine de
la langue.

Mais ici nous touchons à la grande difficulté qui,
dans nos contrées, arrête l'instituteur dès ses premiers pas. L'enseignement dans les écoles primaires
de France doit être donné en français et pourtant,
dans nos départements alsaciens, comme du reste
dans bien d'autres encore, la grande majorité des enfants entre à l'école sans même comprendre la langue
française.

Il faut que l'instituteur se persuade bien que ce
qu'il y a de plus pressé pour lui, c'est d'apprendre à
ces enfants la langue de leur pays. Il faut qu'il sache
que plus tôt il s'y prendra, et plus vite, plus facilement il arrivera au but. Il faut qu'il n'y ait pas de
doute dans son esprit sur ce point : que la connais-
sance du français usuel, du français parlé, est le plus
beau présent qu'il puisse faire à ses élèves en fait
de connaissances d'une utilité pratique, et que toutes
les autres prises ensemble ne valent peut-être pas
celle-là. Enfin la propagation de la langue française
est pour l'instituteur un devoir envers la patrie.

Une méthode ingénieuse et simple, celle des tableaux d'images a été recommandée pour cet enseignement, par l'autorité académique, aux instituteurs du département du Haut-Rhin. C'est tout simplement le procédé que, dans tous les pays et avec un succès universel, la mère emploie pour apprendre à parler à son enfant. La mère montre les objets et les nomme ; elle les fait ensuite montrer et nommer par l'enfant. Pour le faire parler, elle lui parle.

Cette méthode introduite à l'école primaire de Mulhouse sur les indications de M. Vivien[*]), y a été expérimentée sur une grande échelle, et y a produit des résultats que nous croyons dignes d'attention Il est bien établi maintenant qu'après avoir fréquenté l'école pendant six mois, l'élève instruit par ce procédé, possède un vocabulaire suffisant pour exprimer en français ses idées enfantines. C'est, il est vrai, que l'enseignement de la lecture, de l'écriture et du calcul a été dès l'abord combiné de manière à concourir à ce résultat. Tout mot lu a été un mot expliqué, retenu, acquis pour la langue. L'écriture et la lecture s'enseignant simultanément, le mot lu et compris a été aussi écrit. De même, lorsque dans les exercices du langage, basés sur les tableaux coloriés, il s'est rencontré des mots dont l'orthographe était assez simple pour que l'élève pût les lire à l'aide des connaissances qu'il possédait déjà en lecture, ces mots ont été écrits au tableau noir, lus, copiés et d'autant plus sûrement retenus. Enfin ces mêmes mots, surtout les substantifs, ont encore été employés de préférence dans les leçons de calcul, où ils ont servi à former des nombres concrets.

Grâce donc à cette concentration puissante de toutes les ressources de l'enseignement vers un but essentiel, l'enfant, au bout du premier semestre de son séjour à l'école, arrive à parler le français. Cela ne l'a pas empêché, chemin faisant, d'apprendre à

---

[*] Alors recteur de l'Académie départementale du Haut Rhin, où il a laissé de précieux souvenirs.

lire, à écrire, à compter, et d'enrichir en outre
son intelligence d'autres connaissances, qu'il doit à l'é-
tude des 30 premiers tableaux d'images de la collection généralement employée dans nos écoles *). Le second semestre doit être, suivant nous, employé tout
entier à consolider ces acquisitions si importantes et
à les rendre définitives.

Ici la tâche devient bien plus facile. En effet, l'é-
lève connaît maintenant toutes ou presque toutes les
combinaisons de lettres ; il sait lire. Nous pourrons
donc baser dorénavant les petites propositions que nous
soumettrons à son jugement sur autre chose que sur le
degré d'avancement de ses connaissances en lecture.
Nous n'aurons plus égard qu'à l'étendue de ses connaissances en langue française et de son développement intellectuel.

Lors donc que l'élève possède la première moitié
de notre livre, nous engageons le maître à faire pré-
céder la lecture de chaque paragraphe d'une répétition de la leçon de langage, qui a dû être donnée an-
térieurement sur le tableau correspondant. Quand aucun tableau ne correspond au paragraphe, c'est que
l'exercice peut être fait sans le secours d'un tableau.
Ainsi la tête, les bras, les mains, les doigts, les vêtements et les organes des sens se montrent sans
difficulté en même temps qu'on les nomme. Il est
facile aussi, quelquefois, de rendre sensible par le secours seul des gestes, la valeur des adjectifs qualifica-
tifs, des verbes, des adverbes et des prépositions
employées dans nos exercices. Enfin, en cas de néces-
sité réelle, on a la ressource de la langue allemande.
Nous croyons devoir insister beaucoup sur ces exercices faits de vive voix, à l'aide des tableaux ou sans les
tableaux. Car, tout en ajoutant aux connaissances des

---

*) Tableaux coloriés publiés à Esslingen sous le titre de Anschauungs-
Unter.icht par F. J. Schreiber. Ces tableaux ont été reproduits à di-
verses reprises en Alsace. A Mulhouse chez l'éditeur de ce Syllabaire.

élèves en fait de langue. ils développent singulièrement leurs facultés. La leçon de lecture et d'écriture, qui vient ensuite résumer les notions acquises, les fixe et les grave dans la mémoire.

Qu'il nous soit permis encore de répéter ici quelques conseils pratiques que nous donnions à MM. les instituteurs, dans la préface des précédentes éditions, pour l'enseignement de la lecture :

« Une leçon de lecture par jour, disions-nous, et autant que possible un numéro par leçon. Chaque jour répétition de la leçon de la veille. Le samedi répétition des cinq leçons de la semaine. Après trois semaines consacrées à aller en avant, la fin du mois est employée à de nouvelles répétitions, en prenant deux ou trois numéros par leçon, toujours sans préjudice des récapitulations invariables du samedi.

« La lecture et l'écriture marchent toujours de front. L'enfant s'essaie à imiter sur l'ardoise la lettre qu'il vient d'apprendre à connaître ou les mots qu'il est parvenu à lire, et dont on lui fera comprendre le sens autant que faire se pourra.

« Nous maintenons l'épellation pour les premières combinaisons de sons et d'articulations. L'enfant apprend à s'en passer immédiatement pour la lecture des mots. »

Enfin nous faisons nommer les consonnes telles qu'elles se prononcent suivies d'un *e* muet. C'est le système que proposaient déjà les auteurs de la Grammaire de Port-Royal :

« Il semble, disent-ils, que la voie la plus naturelle, comme quelques gens d'esprit l'ont déjà remarqué, serait que ceux qui montrent à lire n'apprissent d'abord aux enfants à connaître leurs lettres que par le nom de leur prononciation et qu'on ne leur nommât les consonnes que par le son propre qu'elles ont dans les syllabes où elles se trouvent, en ajoutant seulement à ce son propre celui de l'*e* muet, qui est l'effet de l'impulsion de l'air nécessaire pour faire entendre la *consonne* ; par exemple qu'on appelât *be*, la lettre *b*, comme on la prononce dans la dernière syllabe de *tombe*, ou dans la première de *besoin*....»

(Gram. de Port Royal, 1re partie, chap. 6.)

Mais une fois que les premières difficultés de l'épellation ont été surmontées, il est bon que les élèves apprennent à donner aux lettres les noms que l'usage a consacrés.

1.

Voyelles ou sons simples exprimés par une seule lettre.

A   E   I

a   e   i

A   *E*   *I*

a   *e*   *i*

Lecture et écriture.

a i e i a e a i e

a e i e a i e a e

i e a e i a e i a

A E I E I A E I A

2.

Y	O	U
y	o	u

Y *O* *U*

y *o* *u*

Lecture et écriture.

a e i y o u i o a

e i o u y u e i e

i u o y a o u i a

e i a o u y u i o.

E I A U Y O I E A

3.

**Consonnes ou articulations simples
exprimées par une seule lettre.**

**Bb
(be)**
Bb

**Pp
(pe)**
Pp

Épellation et écriture.

B a	ba	b e	be	b i	bi
B y	by	b o	bo	b u	bu
P a	pa	p e	pe	p i	pi
P y	py	p o	po	p u	pu

A b   ab   b e   be   i b   ib

Y b   yb   o b   ob   u b   ub

A p   ap   p e   pe   i p   ip

Y p   yp   o p   op   u p   up

4.

D d   **T t**

(de)   **(te)**

D d   *T t*

Épellation et écriture.

D a   da   d e   de   d i   di

D y   dy   d o   do   d u   du

Ta ta t e te t i ti

Ty yt t o to t u tu

A d ad d e de i d id

Y d yd o d od u d ud

A t at t e te i t it

Y t yt o t ot u t ut

A d ad U t ut I t it

Y t yt O d od U d ud

T i ti t u tu d u du

Ty ty d a da t e te

B o bo p i pi o p op

Tu tu b e be a p ap

5.

L l
(le)

L l

Épellation.

L a	la	l e	le	l i	li
L y	ly	l o	lo	l u	lu
A l	al	l e	le	i l	il
Y l	yl	o l	ol	u l	ul
B i	bi	d a	da	p o	po
T u	tu	l i	li	a b	ab

Lecture et écriture.

Le papa. Du baba. La tata. Le dada. Bade. Le tube. La tape. La pipe. La tulipe. La pelote. Odile.

6.

F f
(fe)
F f

V v
(ve)
V v

Épellation.

F a **fa** **fe** **fe** **f i** **fi**
F o **fo** **fu** **fu** **F y** **fy**

Va va ve ve vi vi

Vy vy vo vo vu vu

Vo vo fu fu vi vi

Fy fy ve ve fa fa

Bu bu Li li Fu fu

Do do Vi vi Py py

Af af iv iv uf uf

Ov ov yf yf ve ve

Lecture et écriture.

Le fifi vole. Ovide a vu la tulipe.
Odile lave. Ida file. Papa vide le
tube

7.

S s   **Z z**

(se)   **(ze)**

S s   *Z z*

Épellation.

S a	sa	s u	su	s i	si
S e	se	s o	so	s u	su
Z e	ze	z a	za	z o	zo
Z y	zy	z u	zu		
A s	as	I z	iz	U s	us
O s	os	y s	ys	A s	as
Z a	za	s o	so	a s	as
Z u	zu	s y	sy		

2

Lecture et écriture. (*)

La salade. Le vase. La visite. La topaze. Le sofa. La bise. La savate.

8.

R r
(re)

R r

Épellation.

R a	ra	**r** e	re	**r** i	ri
R o	ro	**r** u	ru	**r** y	ry
A r	ar	**r** e	re	**i r**	ir
O r	or	**u r**	ur	**y r**	yr

(*) Il faut, dès-à-présent, rendre l'élève attentif à la prononciation douce de *s* entre deux voyelles.

D o do ur ur s e se
T y ty f o fo r a ra
F y fy r y ry t u tu
R a ra i r ir p y py

Lecture et écriture.

La robe. La rave. La parade.
La rive. La lyre. La filature.
La pelure de la rave. Odile a
sali sa robe. Ida lave sa robe
sale.

9.

M m   N n
(me)   (ne)
M m   *N n*

Épellation.

M a ma m e me m i mi
M y my m o mo m u mu
N a na n e ne n i ni
N y ny n o no n u nu
A l al L e le I r ir
Y b yb O l ol U l ul
M o mo m u mu n y ny

Lecture et écriture.

Madame. Mimi. Nina. Nanine. Une
lame. Une lime. La lune. Le malade. Une rame. La panade. La
pyramide. Nanine a une robe de
bure. Papa a bu de la limonade.
Babylone.

10.

G g   J j

(gue ou **ge)**   **(je)**

G g   *J j*

Épellation.

G a	ga	g e	ge	g i	gi
G y	gy	g o	go	g u	gu
Gue	gue	gu i	gui		
J a	ja	j e	je		
J o	jo	j u	ju		
A g	ag	o g	og	a j	aj
U g	ug	g e	ge	g i	gi

Lecture et écriture.

La page. Une image. Le guide. Le bagage. Ma figure. Ta guitare. Sa bague. Une jupe de gaze. Papa me jeta ma pelote. De la jujube. Le joli fifi. La synagogue.

11.

K k
(ke)
Kk

Q q
(ke)
Qq

C c
(ke ou se)
Cc

Ç ç
(se)
Çç

Épellation.

K a ka ke ke ki ki
K y ky ko ko ku ku
Qu a qua qu e que
Qu i qui qu o quo
C a ca c o co c u cu
Ç a ça c e ce c i ci
C y cy ç o ço ç u çu
O q oq i que ique
U c uc o que oque
I k ik o ke oke

Lecture et écriture.

La cabane. La cave. La coque. La cire. La cerise. Ovide a reçu une

figue. La façade. La nuque. Le kilo.
Le dogue. Le cirage. Le juge. Qui
vive? Ami! Que dira papa?

12.

H h
(he)
H h

X * x
(xe)
X x

Épellation.

**H a ha hi hi ho ho
hu hu he he**

---

* *X* est la seule consonne qui exprime une articulation composée; il équivaut à *gs*, *ks*, *ss*, etc. L'usage apprendra aux élèves ces distinctions, comme aussi celle de *H* muette ou aspirée.

X'i' xi' X'a' xa' x'e xe'
X'o xo' X'u' xu'

A'x ax a'h' ah i'x ix'
u'x ux' h'o ho

Lecture et écriture.

Hola! ha! ho! hi! Ah! Oh! Le
halage. La hure. La Saxe. Une
rixe. La taxe.

Mots où la consonne H est muette.

Ce malade habite une cabane hu-
mide. Honorine a lu une page.
Le guide habile. Une habitude.

13.

VALEUR DES ACCENTS.

e' é è ê

Épellation.

Be be bé bé bè bè

Bê bê m é mé m e me
Mê mê m è mè l ê lê
L é lé l è lè l e le
R e re r ê rê t ê tê
T é té v é vé p e pe
S è sè z è zè z e ze
D é dé f ê fê l e le

Lecture et écriture.

Le père. La mère. La tête de la bête. Le zéro. La fête de papa. La vipère. Le remède. Le légume. Le mélèze. Une épine. Je lève la tête. Adèle a lavé sa jupe. Cécile a jeté sa pelote.

14.

â à î ô û

m'a l'a l'é l'u etc.

Épellation.

B â b â l à l à r â r â

P ô p ô s î s î r î r î

M û m û ç à ç à g u î g u î

V û v û m î m î m i m i

L à l à l a l a g â g â

L'a l a L'e l e M'e m e

Lecture et écriture.

Le dîné. La pâte. Le pâté. La
côte. L'âne. Le pâturage. La mûre.
Une île. Ce remède. L'ami de pa-

pa. L'asile. L'élève de l'école. Le
dôme. Jérôme a été à Bâle. Ma
mère m'a lavé ma robe.

15.

RÉCAPITULATION.

Exercice de lecture et d'écriture.

La lune. La mine. L'épi. La tulipe.
La locomotive. Le zéro. La fève.
Le samedi. Ma figure. Jérôme a
été à âne. Dé la salade. Élise a vu
sa mère. Il a gelé à Pâque. Je. Tu.
Il. Me. Te. Se. La farine. La cerise.
Le cirage. L'humidité. Qui vive ?
Vive l'école ! La médecine. La fa-
çade. Adèle a bu de la limonade.
La zibeline. La lyre. La hure. La
maxime sage. De la pâte de jujube.
Le kilo. La coque. L'écu que Jé-
rôme a reçu.

16.

ALPHABET D'IMPRESSION ET D'ÉCRITURE

Exercice de prononciation et d'écriture.

MAJUSCULES D'IMPRESSION.

A B C D E F G
H I J K L M N
O P Q R S T U
V W X Y Z

MINUSCULES D'IMPRESSION.

a b c d e f g h i j
k l m n o p q r s t
u v w x y z

17.

MAJUSCULES D'ÉCRITURE.

A B C D E F G
H I J K L M N
O P Q R S T U
V W X Y Z

MINUSCULES D'ÉCRITURE.

a b c d e f g h i j
k l m n o p q r s t
u v w x y z

CHIFFRES.

1 2 3 4 5 6 7 8 9 0

19.

Voyelles précédées et suivies d'une consonne.

Épellation.

B	ar	bar	d	oc	doc	r	il	ril
M	us	mus	s	ac	sac	j	ol	jol
H	ur	hur	z	ir	zir	p	ar	par
C	ag	cag	m	ir	mir	l	or	lor
V	ac	vac	m	ic	mic	m	ac	mac
R	ic	ric	r	ac	rac	p	if	pif
P	af	paf	D	uc	duc	p	or	por
V	ir	vir	gu	ir	guir			
F	ar	far	ni	que	nique			

Lecture et écriture.

Le sac. Du fil. Une larme. Colmar.
La porte. L'animal. Une alcove. Le
coq. La virgule. L'arcade. Le cor. Le canal. Le canif. Le suc. Le lac. Le métal.

La carte. La carpe. La corde. La corne.
Partir. Sortir. Dormir. Bâtir.

Emile bâtira une cabane. Azor a
mordu le garde. Ma mère me bénira.
Fédor a été à Colmar. David a bu du
café à sa fête. La barque ira sur le lac.
Victor a dormi.

19.

Sons simples rendus par plusieurs lettres.

au, eau comme ô

Exercice d'épellation.

P au	pau	p eau	peau
B au	bau	b eau	beau
T au	tau	t eau	teau
D au	dau	d eau	deau
S au	sau	s eau	seau
Z au	zau	z eau	zeau
F au	fau	f eau	feau

V au vau v eau veau
A ud aud l' eau l'eau
A up aup dau z dauz

Exercice de lecture et d'écriture.

La peau. Le veau. L'eau. Victor **a** sauté. La sauge. La sauce. Le saule. Le seau.

 Oscar a porté ce seau d'eau à sa mère. Une daube. L'auge. La mauve. L'aube. Une aune. L'aunage. Le bateau va sur l'eau. Le veau a tété. Le corbeau a volé. Le marteau. Le joli canari jaune.

20.

ai ei *ordinairement comme* **é**

eu œu *à peu près comme* **e**

Prononciation de **ou**

Exercice d'épellation.

M ai	mai	p ei	pei
N ai	nai	n ei	nei
L ai	lai	v ei	vei
Ai r	air	r èi	rei
J eu	jeu	j ou	jou
H eu	heu	h ou	hou
R eu	reu	ou r	our
S eu	seu	œu f	œuf
P eu	peu	ai r	air
V eau	veau	m ou	mou
F eu	feu	p ou	pou
J eu	jeu	au l	aul
B œu	bœu	c œu	cœu
V œu	vœu	s œu	sœu

Exercice de lecture et d'écriture.

Le feu. L'air. L'eau. L'œuf. Le bœuf.

La reine. La veine. La peine. La neige.
Oscar a souri. Le mai nouveau. Le lai-
tage. La fourmi. Du mou de veau.
J'irai en bateau. Le bouleau.

21

Voyelles nasales.

an en in on un

Exercice d'épellation.

P an	pan	B an	ban
D an	dan	T an	tan
M on	mon	T on	ton
S on	son	r on	ron
L in	lin	r in	rin
M in	min	t in	tin
S in	sin	r an	ran

B an	ban	v in	vin
D un	dun	l un	lun
N en	nen	j en	jen
P en	pen	t en	ten
An ge	ange	in de	inde
On de	onde	en de	ende
	in ge	inge	

Exercice de lecture et d'écriture.

Un magasin. Mon cousin. Son jardin.
Du vin La fin. Ma tante. La volonté **de**
mon père. Le jour de l'an. Mon pantalon
de coton. Mon serin a déjeûné de bon
matin. Le jardin de mon cousin. J'ai bu
de bon vin. Un pan de mur. Le van.
L'anse. Un canton. Le singe. Le dentiste.
Le cordon. Un linge. L'amande. Un coq
d'Inde. Un dindon. Le veau a mangé.

22.

am em im ym

om *suivis d'un* **b** *ou d'un* **p**

se prononcent comme

an en in yn on

Exercice de lecture et d'écriture.

L'empire. L'empereur. La rampe. Une ampoule. La lampe. La jambe. La bombe. La pompe. La tombe. Le tambour. J'ai emporté la lampe. Le tombeau de l'empereur Napoléon. La pompe à feu. Le tambour-major. L'eau limpide.

23.

an en in yn on un am em im ym om um *suivis*

d'une voyelle dans le même mot n'ont pas le son nasal.

Exercice de lecture et d'écriture.

U-ni ; uni. L'u-ni-for-me ; l'uniforme. Un â-ne ; un âne. Un a-ni-mal ; un animal. La ti-sa-ne. La tisane. Le sa-me-di ; le samedi. Le lun-di ; le lundi. Le vin. Ho-no-re ton pè-re ; honore ton père. Le cou-sin ; le cousin. La cou-si-ne ; la cou-sine. J'ai fi-ni ma le-çon ; j'ai fini ma le-çon. On a pu-ni le gar-çon mu-tin ; on

a puni le garçon mutin. On a man-gé
u-ne pou-le; on a mangé une poule.
Le ma-çon; le maçon. Une a-men-de;
une amende.

24.

ain aim ein (1)
comme in im (2)

Exercice de lecture et d'écriture.

U-ne sain-te; une sainte. Le pain. La
faim. L'é-tain; l'étain. Une en-cein-te;
une enceinte. La pei-ne; la peine. Sain;
sai-ne; saine. La Sei-ne; la Seine. L'i-
ma-ge pein-te; l'image peinte. La pein-

---

(1) Non suivis d'une voyelle dans le même mot.
(2)   Idem.

tu-re ; la peinture. La lai-ne ; la laine.
Un-e cein-tu-re ; une ceinture.

25.

EXERCICE RÉCAPITULATIF

de lecture et d'écriture.

Bo-na-par-te em-pe-reur ; Bonaparte
empereur. Le rai-sin ; le raisin. La cor-
na-li-ne ; la cornaline. Mon pè-re ; mon
père. Ma mè-re ; ma mère. Ma tan-te ;
ma tante. Mon cou-sin ; mon cousin.
Ma sœur. Le bœuf ; le veau. L'é-tain ;
l'étain. Un mé-tal ; un métal. Le sin-ge ;
le singe. Un a-ni-mal ru-sé ; un animal rusé. Le ge-nou du gar-çon ; le
genou du garçon. Le vo-leur se-ra pu-
ni ; le voleur sera puni. J'ai mon-té le
co-teau ; j'ai monté le coteau. L'hu-mi-
di-té du ma-tin ; l'humidité du matin.

Le ru-ban de cou-leur. Le ruban de couleur. La ca-ge de mon ca-na-ri ; la cage de mon canari. La cou-leur de mon se-rin ; la couleur de mon serin. J'ai se-ri-né un air au pin-son ; j'ai se-riné un air au pinson. L'en-cein-te du jar-din ; l'enceinte du jardin.

26.

Voyelles allongées par e.

ée   ie   ue

La matinée. La gelée. La purée. La vue. La rue. La ramée. La mie de pain. L'amie. La vie. Tobie. La pie voleuse. La lie du vin. Amélie sera aimée de sa mère. La Judée. La jolie peinture. La vue du jardin.

27.

Sons composés ou diphtongues.

ia ié iè io
oi oie
ui uie
iai iau ieu oui

Exercice de lecture et d'écriture.

Moi, toi, soi, lui. Le roi, la loi, la
foi. Le poil. La boîte. La joie. L'oie. Dieu.
Le lieu. Le milieu. Adieu. Le cuir. Le
juif. Le suif. La suie. La bière. La vo-
lière. La tabatière. Le piéton. La moitié.
L'amitié. Le pieu. Une fouine. Le ma-
tou a miaulé: miaou. Oui ou non? Oui,
mon père.

28.

Diphthongues nasales.

ian ion oin uin
t *devant* ia io ion

ordinairement comme **ç**

Exercice de lecture et d'écriture.

De la viande. En Juin on va au bain. Le couteau pointu. La laine suinte. Une portion de viande. La jointure. La pointe du couteau. La nation. La récapitulation de la leçon. La jonction. Emilie sera re-jointe par son amie.

29.

ien *fait* **ian** *au milieu des mots.*

ien *fait* **iin** *à la fin des mots* (¹).

Exercice de lecture et d'écriture.

Le tien, le mien, le sien. Le lien. Un Italien. Un Parisien. Un Alsacien. Le pain quotidien. L'impatience. La fiente. Le bien ou le mal.

_____

(*) Mais on dit le bienfait, comme dans bien, et de même, dans les composés de *chrétien*, on ne tient pas compte de la terminaison.

30.

Articulations simples représentées par deux lettres.

Prononciation du **ch**

ph *comme* **f**

Exercice de lecture et d'écriture.

Le château. Le cheval. Une bâche. Le chalumeau. Le choc. Le chameau. Le chapeau. La hache. La chaloupe. Le chemin. La chute. Ma sœur a chuchoté. J'ai été choqué.

La phalène. Sophie. Le phare. Le phoque. Le phosphore. Un phénix. Le zéphyr.

La pharmacie. La cheminée. Le riche a acheté un château. Sophie chantera une romance. Une chute de cheval.

ch *se prononce comme* **k**

dans les mots suivants :

Joachim. L'écho. Le choléra. Le chœur. Un archange.

31.

Consonnes doubles ne valant que pour simples.

bb *pour* **b**   **pp** *pour* **p**

ss *pour* **s** (1)   **tt** *pour* **t**

Exercice de lecture et d'écriture.

Un abbé. Un appui. Un Russe. Une

---

(1) Pour s dur, ou ç.

goutte. La huppe. La houppe. La hutte.
L'assassin. La botte. Alphonse m'a cassé
ma poupée. La goutte de rosée.

32.

ff *pour* **f**   **w** *pour* **v**

ll *pour* **l**

Exercice de lecture et d'écriture.

L'étoffe. La ville. Une balle. Le village.
Une malle. De la colle. J'étouffe. Le
Wolga. Azow. Wilna. Une bouffée d'air.

mm*pour***m, nn***pour***n**

cc *pour* **c**   **cq** *pour* **q**

Exercice de lecture et d'écriture.

La pomme. L'année. La gomme.

La canne. Une Lucquoise. Un hanneton. La couronne. La bonne. La canne
de l'abbé. L'accusé. L'occupation.

33.

RÉCAPITULATION.

Exercice de lecture et d'écriture.

Iphigénie. La somme. La pommade.
La botte. La hutte. La colline. La colonne. Le moissonneur. La salle. Abbe-
ville. La Chine. Le village voisin. Un
acquéreur. La hotte. Le chalumeau. Le
physicien. La botte va mal. Adolphe
m'appela sur la chaloupe. La huche au
pain. Un paratonnerre. Un moissonneur.
Pharaon. Putiphar. La mousse. La
patience. Le Parisien. L'écho de la
vallée. Le chien Azor. Mon père habite
la ville de Lille.

34.

Articulations composées.

Exercice d'épellation.

Br a	bra	br e	bre
Br i	bri	br o	bro
Br u	bru	pl a	pla
Pl e	ple	pl i	pli
Pl o	plo	pl u	plu
Cr o	cro	cl ou	clou
Fl i	fli	bl in	blin
Pr i	pri	gl a	gla
Tr ou	trou	bl eu	bleu
Vr ai	vrai	ph ro	phro
Gr e	gre	cr an	cran
Sc o	sco	st a	sta
Sp é	spé	scr u	scru
Gl ou	glou	str o	stro
Fl i	fli	vr ai	vrai

St u	stu	sph è	sphè
Fl on	flon	sp é	spé
Gr on	gron	gr an	gran
Br a	bra	pl u	plu
Cl i	cli	tr eu	treu
Dr on	dron	gl e	gle
Gr on	gron	pr o	pro
Gr à	gra	st in	stin
Fr a	fra	ph ra	phra
St an	stan	gr é	gré
Dr oi	droi	fl ui	flui
Gr ai	grai	gl a	gla

35.

Exercice de lecture et d'écriture.

L'instituteur de ma classe. La blancheur de mon linge. La fenêtre de ma chambre. Le sucre en poudre. Une branche d'arbre. La chèvre de mon troupeau. La vitre de ma fenêtre. La pointe de mon sabre. La plume d'oie. La table de marbre. Le charbon noir. J'ai attrapé la fièvre. La bravoure de l'armée. La grenade de l'Andalousie. L'entreprise dangereuse. L'étourderie du hanneton. Je me cramponne à la balustrade. La bride du dragon. Le lièvre du chasseur. La cloche de l'église. Pose le poivre sur la table. Alphonse parlera la langue française.

36.

Prononciation de **gn** *et de* **ll** *mouillé.*

Exercice de lecture et d'écriture.

Le règne. Une rognure. L'ignorance. J'ai signé. La signature. J'ai saigné. Le roi sera magnanime. Le garde a donné le signal. Le bon compagnon. Une compagnie aimable. Je retourne à la campagne.

La rouille de mon sabre. J'ai fouillé dans ma poche. Une poignée de paille. Un cheval de bataille. La fille du moissonneur.

37.

ch *se prononce comme* **k**

devant **l n r.**

Exercice de lecture et d'écriture.

Chloris. Le chlore. Le chlorure. Arachné. Le Christ; un chrétien; le christianisme. Une chaîne en chrysocale. Une maladie chronique.

38.

S *entre deux voyelles se pro-nonce ordinairement comme* **Z.**

Exercice de lecture et d'écriture.

Le visage. L'oiseau. La cerise. La mise. La chemise. La frise. La brise. La blouse grise. Une tête bien frisée. La médisance. L'usage d'une chose. Je m'amuserai demain.

Quelquefois aussi **s** *se prononce comme* **z** *quoique précédé d'une consonne.*

L'Alsace. La danse.

39,

X *se prononce quelquefois comme* **SS.**

Six. Trente-six. L'an mil soixante-six.

Sauf ces mots et quelques autres, **x** *est toujours nul à la fin des mots.*

Prononciation des monosyllabes :

Les, des, tes, ses, etc.

La croix. Les voix. Mes noix. Tes prix. La paix. La soupe aux choux. La poste aux chevaux. Les cheveux. Des veaux. Ces moineaux. Mes deux genoux.

— 40.

Prononciation de **et** *(conjonction), de* **est** *(verbe), de* **er et ez** *à la fin des mots.*

Exercice de lecture et d'écriture.

La matinée est agréable et la soirée le sera aussi. Mon gosier est altéré.

Cet élève est léger. La foudre est tombée et a incendié une maison. Le cabinet de mon papa est vaste. Parlez de moi à mon frère. Parlez au portier. Janvier et Février. Juillet sera passé demain. Le nez du singe. La cage du chardonneret. Le boulanger, le boucher, le menuisier et le charpentier. Ouvrez la porte et sortez.

41.

e *sans accent n'est pas ordinairement muet devant une articulation composée ou double, ni devant une articulation finale qui se prononce.*

Exercice de lecture et d'écriture.

Le ver. Le fer. La mer. La ferme. Le germe. La gerbe. L'essieu. La guerre. Le verre. La dette. Une belle lettre. La vieillesse. Une caresse. Le nerf.

Cet ordre est bref. Aimez le serviteur et respectez le chef. La vertu sera récompensée au ciel.

42.

ent *(dans les verbes).* ⎫
es *(sauf dans les mo-* ⎬ *à la fin des*
nosyllabes). ⎭ *mots.*

muets

e *comme* **a** *devant* **mm**
dans le milieu des mots
et quelquefois devant **nn** [1].

Exercice de lecture et d'écriture.

Presque toutes les petites filles aiment la promenade. Elles reçoivent avec plaisir les visites des anciennes amies. Mes

---

[1] **Au commencement des mots** *emm* **se prononce avec le son nasal : Emmener, emménager, etc.**

camarades marchent en mesure. Les élèves doivent être dociles. Les femmes pieuses et aimées de Dieu. La solennité de la fête. Ces chevaux hennissent. La distribution des prix est une cérémonie solennelle. La mienne, la tienne, la sienne.

43.

Prononciation de

oei, eui *et* ueil.

h *ne se prononce pas après*

t, r *et* X.

Exercice de lecture et d'écriture.

L'œil. Le deuil. Cueillir, accueillir, recueillir. Le cercueil. Le recueil. Les feuilles des arbres. Le canal du Rhône au Rhin. Le thé. Le thym. J'ai reçu un bon accueil à Thionville. Théodore a de l'orgueil; c'est un vice blâmable. Mon rhumatisme est douloureux. L'écureuil est un gracieux animal. L'œil de Dieu a vu ma faute. Une mauvaise exhalaison.

44.

y *se prononce comme* **ii**, *entre deux voyelles.*

Exercice de lecture et d'écriture.

Le crayon. Le moyen. Le foyer. Le royaume. Crayonne-moi ce noyer. Ce prince voyage avec une splendeur royale. Le moyen de parvenir c'est d'être honnête et laborieux. Payez votre dette le jour où cela est possible. Essayez de lire cette ligne; écrivez-là; essuyez l'ardoise. Ayez le visage propre. Ouvrez les yeux.

45.

t, ts, s *ne se prononcent pas à la fin des mots quand ils sont précédés d'une consonne, et souvent après une voyelle.*

Exercice de lecture et d'écriture.

Le vent. La dent. Le gant. Le port. Les dents. Les gants. Les ports. Les sons. Le velours. Doucement, lentement. Le soldat. Le rat. Le chat. Le toit. Le mot. Le bois. La brebis. Le bras. Le dos. Les moissons rendent abondamment. Les vendanges manquent fréquemment depuis quelques années. Cet arbre est droit. Le ciel est gris. Le garçon a été sot. Donnez-moi mon paletot vert. L'eau coule abondamment. Mon camarade sera nommé concuremment avec moi. Il pleut. La terre se meut autour du soleil. La main a des muscles.

46.

Voyelles nulles.

A *dans* **A**oût, la Saône, le taon.
E *dans* Jean, Caen, j'eus, j'ai *eu*.
O *dans* le paon, le faon, la ville de Laon.

Exercice de lecture et d'écriture.

La Saône est une grande rivière et Caen est une ville française, de même que Laon. Le faon est le petit du cerf et le taon est un méchant insecte. Jean a eu des prix au mois d'Août.

47.

Ne prononcez pas **m** *dans* Automne, damner, condamner.

Ne prononcez pas **p** *dans* Baptême, Baptiste, Anabaptiste. Compter, un compte, comptoir. Sculpter, sculpture. Sept.

Exercice de lecture et d'écriture.

Saint-Jean-Baptiste fut le précurseur de notre Seigneur Jésus-Christ. Son image sculptée en pierre est placée près des fonts baptismaux. Les bons comptes font les bons amis. Ce malfaiteur a été condamné sept fois. Mon frère a été baptisé l'automne passé.

48.

Consonnes finales qui ne se prononcent point.

B *est nul dans* plomb.

C *est nul dans* blanc, franc, banc, tabac, estomac, clerc, porc.

D *est nul dans* chau*d*, penau*d*, gran*d*, ron*d*, sour*d*, froi*d*; canar*d*, homar*d*, lar*d*, tar*d*, renar*d*, et ni*d*; il pon*d*, il fon*d*, etc.

G *est nul dans* lon*g*, san*g*, haren*g*, faubour*g*, poin*g* [1]).

L *est nul dans* fusi*l*, cheni*l*, fi*l*s.

P *est nul dans* le cou*p*, beaucou*p*, le lou*p*, le cham*p*, le dra*p*, le siro*p*, tro*p*.

Exercice de lecture et d'écriture.

Le renard est un mammifère, il a le sang chaud. Le homard est une écrevisse de mer. Les harengs se salent et s'expédient dans des barils. Mon fils, ne sois pas sourd aux exhortations de ton grand-père; sois bon et franc; ne fais pas comme les polissons du faubourg qui

---

1) A la fin d'une phrase le *g* ne se prononce jamais.

se battent à coups de poing. Le tabac se conserve dans des boîtes de plomb.

49.

ct *est nul à la fin des mots :* l'aspe*ct*, le respe*ct*, suspe*ct* ;

ch   *id.*   almana*ch* ;

fs   *id.*   bœu*fs*, œu*fs* ;

gt   *id.*   le doi*gt*, vin*gt* ;

pt   *id.*   prom*pt*, exem*pt*.

Exercice de lecture et d'écriture.

J'en ai vingt. L'almanach n'est pas exempt d'erreurs. J'ai le petit doigt de la main gauche tout en sang. Il a reçu des coups dans le dos. Ne soyez pas trop prompt à vous mettre en colère. Il pleut souvent cet automne. Le petit a été baptisé. Les bœufs vont au pâturage. Mon estomac est excellent. Les doigts de la main sont inégaux ; j'en ai cinq à chaque main, ce qui fait dix pour les deux. Deux fois dix font vingt.

Les traits du visage. Le respect de l'autorité. Le fusil du soldat. Le père et le fils. Le fil de mon peloton. Les fils de la toile. J'ai vu une longue file de canards sauvages. J'ai mangé des œufs.

50.

Du tréma.

Le tréma est un double point qu'on met sur une des voyelles **e, i, u,** *pour la faire prononcer séparément de celle qui précède.*

Exemples : la ciguë est une plante vénéneuse. Saül fut le premier roi des Juifs. Ce récit est naïf. Une fortune exiguë. Les nations païennes.

DEUXIÈME PARTIE.

EXERCICES D'INTELLIGENCE ET DE LAN-
GAGE, DE LECTURE ET D'ÉCRITURE.

1.

A L'ECOLE. *)

Je vois le tableau noir, l'estrade et la table du maître. Nous voyons les bancs et les tables des élèves, le fourneau, les rideaux et les tableaux d'images. Ce sont les meubles de la salle d'école.

A l'école on se sert de livres, de cahiers, d'ardoises, de craie, de crayons, de plumes et d'encre.

Je suis un écolier et vous êtes notre maître.

A l'école on apprend à aimer Dieu,

---

*) Immédiatement avant de faire lire ce paragraphe, on devra faire faire un exercice de langage sur le tableau N° 1 de la collection, et ainsi des autres.

à obéir, à parler le français, à lire, à écrire et à calculer.

2.

A LA MAISON.

A la maison il y a mon papa et ma maman. Ce sont mes parents. Quand j'ai été sage à l'école, ma maman m'embrasse avec tendresse. Mes parents me donnent tout ce qu'il me faut. Je dois les aimer. Je dois aussi aimer mes frères et mes sœurs.

3.

LES MEUBLES DE LA CHAMBRE. *)

A la maison il y a une chambre à coucher et une cuisine. Dans la chambre, il y a un lit, une armoire, une commode, un miroir, des tableaux, un sopha, un secrétaire, une table et des chaises ; ce sont les meubles de la chambre.

---

* Tableau N° 2.

Le lit a une paillasse, un matelas, un oreiller, des draps et une couverture de laine ou de coton.

La commode a des tiroirs; on y serre le linge. Dans l'armoire on renferme les habits; elle a une serrure et une clef.

4.

A TABLE. *)

On se met à table pour le déjeûner, pour le dîner et pour le souper.

Sur la table il y a une nappe, des serviettes, des assiettes, des plats, une soupière, une carafe ou une cruche, une bouteille, des verres, des couteaux, des cuillères et des fourchettes. C'est la vaisselle de table.

Il ne faut pas jouer avec le couteau. On mange la soupe avec la cuillère, les légumes et la viande avec la fourchette. Il faut manger et boire avec propreté.

* Tableau N° 3.

25

5.

SUITE.

Le pot au lait, la cafetière et la tasse avec sa soucoupe servent pour le déjeûner.

A souper il faut souvent de la lumière. Le chandelier et les mouchettes sont ordinairement en cuivre; la chandelle est en suif et la mèche en coton. Prenez garde d'éteindre la chandelle en voulant la moucher. Quand elle brûle bien, il ne faut pas y toucher.

A table, les enfants sages attendent qu'on leur donne, sans rien demander. Ils sont tranquilles et modestes.

6.

USTENSILES DE CUISINE. *)

Dans la cuisine il y a une marmite, des pots, des écuelles, des casseroles. La cuisinière se sert de l'écumoire, des

---

* Tableau N° 4.

cuillères en bois, de la fourchette à
viande, de la râpe, du coupe-légumes
et du hachoir. Je vois encore un chau-
dron, un baquet, un entonnoir, un mor-
tier avec son pilon, un soufflet, une
pelle à feu et des pincettes.

Quelques-uns de ces ustensiles sont
en terre cuite, les autres en bois, en
fer, en fer-blanc, en cuivre étamé ou
en laiton.

La petite fille aide sa maman à tenir
la cuisine bien en ordre. On chasse de
la cuisine les enfants indiscrets et gour-
mands.

7.

AUTRES USTENSILES DE MÉNAGE*).

Nous avons des paniers et des cor-
beilles pour porter les fruits, une lampe
et une lanterne pour y mettre la lumière,
un petit moulin pour moudre le café,

---

* Tableau N° 5.

une balance et des poids pour peser, un
mètre pour mesurer, une hache pour
fendre le bois et une scie pour le scier.
Ce sont encore des ustensiles de ménage
dont nous ne savons plus nous passer,
mais qui sont inconnus de plusieurs peu-
ples sauvages.

8.

SUITE.

Ma mère a des aiguilles et du fil pour
coudre, des ciseaux pour couper les
étoffes et des épingles pour les fixer.
Les aiguilles sont dans un étui et les
épingles sur une pelotte. Ma mère a
encore un fer pour repasser le linge,
un moule en cuivre et un rouleau de
bois pour faire les gâteaux des jours
de fête.

Mon père a une vrille pour faire des
trous, un marteau pour enfoncer les
clous et des tenailles pour les arracher;
il a une échelle pour monter contre la

muraille, des cordes pour attacher; des sacs pour y mettre le blé et des ficelles pour les lier. Comment appellerons-nous toutes ces choses d'un nom commun à toutes?

9.

INSTRUMENTS ARATOIRES *).

La charrue est le principal instrument du laboureur. La charrue a des roues, une flèche, un mancheron, un coutre, un soc, un versoir et un régulateur. La flèche, le mancheron et le régulateur sont en bois. Le coutre, le soc et le versoir sont en fer. Le coutre ouvre la terre, le soc creuse le sillon et le versoir couche les mottes sur le côté. Les sillons doivent être droits et égaux. Le laboureur appuie une main sur le mancheron; de l'autre, il fouette les chevaux ou il pique les bœufs attelés à la charrue.

---

* Tableau N° 6.

La herse, la bêche, la pelle et le hoyau sont aussi des instruments aratoires.

10.

Suite.

On se sert de la faucille pour moissonner les blés et de la faux pour faucher les prés.

Le fléau sert à battre les grains et la serpette à couper le raisin. Le vigneron a encore besoin d'un pressoir et de grandes cuves pour recevoir la vendange.

Il faut aussi dans une ferme des cuveaux pour traire les vaches et une baratte pour faire le beurre.

11.

INSTRUMENTS DE MUSIQUE *).

Le violon, la harpe et la guitare sont des instruments à cordes. Le violon a

---

*) Tableau N° 7.

un manche, un chevalet et une table d'harmonie. On joue du violon avec un archet; on pince la guitare et la harpe avec les doigts.

La flûte, le flageolet, la clarinette, la trompette, le cornet à piston, le cor et le trombone sont des instruments à vent. Les trois premiers sont faits de bois; les autres sont en cuivre.

La flûte a un son doux et agréable; le son de la trompette est aigu. Le cor sert au chasseur pour appeler ses chiens.

12.

LES PARTIES DU CORPS*).

J'ai une tête, un tronc et des membres.

---

*) Avant de faire lire ce paragraphe et les dix suivants aux élèves qui ne possèdent qu'imparfaitement la langue française, il est indispensable de leur faire répéter l'exercice correspondant de langage et d'intelligence, pour lequel aucun tableau d'images n'est nécessaire.

La tête a une chevelure et un visage. Le front, les yeux, le nez, les joues, la bouche, le menton et les oreilles sont les parties du visage.

La bouche a des lèvres; elle renferme une langue, un palais et des mâchoires garnies de dents.

13.

SUITE.

La tête tient au tronc par le cou. La poitrine, le ventre, le dos et les hanches sont les parties du tronc.

J'ai deux bras et deux jambes, ce qui fait quatre membres.

Il faut se laver tous les jours le visage et les mains avec de l'eau froide; il faut aussi se baigner pour la propreté et pour la santé.

14.

LES BRAS ET LES MAINS.

Les bras tiennent au tronc par les épaules. J'ai un bras droit et un bras gauche. Le bras a un coude et une main.

La main a cinq doigts; les doigts ont des articulations et des ongles. Le pouce n'a que deux articulations; les autres doigts en ont trois.

15.

SUITE.

La main sert à prendre les choses. Avec les bras on soulève les fardeaux et on les charge sur l'épaule. Les bras et les mains servent à travailler.

N'ayons jamais les mains sales.

Que de belles choses l'homme fait avec sa main! Nommez-en quelques-unes.

16.

LES JAMBES ET LES PIEDS.

J'ai deux jambes, une jambe droite et une jambe gauche.

La jambe a un genou et un pied. Le genou peut se plier comme le coude du bras.

Le pied a un talon et cinq doigts. Les doigts du pied sont plus petits que ceux de la main. Ils ont des articulations et des ongles. Le plus gros doigt du pied se nomme l'orteil. La partie du pied qui pose à terre se nomme la plante du pied.

Avec les pieds et les jambes on marche, on court et on saute.

17.

LES CINQ SENS.

Avec les yeux, je vois les choses; c'est la vue.

Avec la bouche et la langue, je goûte ce qui est bon ou mauvais; c'est le goût.

Avec le nez, je sens les odeurs; c'est l'odorat.

Avec les oreilles, j'entends les sons ; c'est l'ouïe.

Avec les mains, je touche les objets ; c'est le toucher.

La vue, le goût, l'odorat, l'ouïe et le toucher sont les cinq sens de l'homme.

18.

LES VÊTEMENTS.

Le petit garçon a une blouse ou une veste et un pantalon. La petite fille a une robe et un fichu. En hiver ils ont des manteaux. Ce sont des vêtements.

Les vêtements pour la tête sont des coiffures et ceux qu'on met aux pieds des chaussures. Les chapeaux, les bonnets et les casquettes sont des.....? Les souliers et les bottes sont des.....?

Tenez tous vos vêtements bien en ordre et bien propres. Ils coûtent beaucoup d'argent à vos parents.

19.

NOMS DE NOMBRE.

J'ai une tête, un cou, deux bras, quatre membres, dix doigts.

Ma mère m'a donné trois pommes, cinq poires et sept prunes : combien de fruits cela fait-il?

J'ai reçu huit francs et neuf francs; j'ai acheté ensuite un sac de pommes de terre pour six francs · combien de francs reste-t-il dans ma bourse?

20.

SUITE.

J'ai compté trente-six pommes sur l'arbre de notre jardin; il en est tombé treize : combien de pommes y a-t-il encore sur l'arbre?

Douze grenadiers, quinze voltigeurs et vingt-deux artilleurs: combien de militaires cela fait-il?

Dans notre classe il y a quatre-vingt-sept garçons.

Cent soldats font une compagnie, six cents font un bataillon et dix-huit cents un régiment.

Voici deux mille francs.

C'est aujourd'hui le onze Mars mil huit cent cinquante-six.

21.

QUALIFICATIFS.

Le fer est dur ; le lit est mou. La pierre est dure ; la cire est molle.

Le clocher est haut ; le trottoir est bas. La tour est haute ; l'herbe est basse.

L'homme est fort ; les enfants sont faibles. La lionne est forte ; la brebis est faible.

Le bras est long ; le doigt est court. La vie est longue ; la journée est courte.

Le soleil levant est beau ; la grimace est laide. Les plumes du paon sont belles. Les crapauds sont laids. Il est beau d'être toujours sage ; il est bien laid de mentir.

22

AUTRES QUALIFICATIFS.

Mon habit du Dimanche est neuf; ma blouse est vieille. Ce fardeau est lourd; ma pelote est légère. La ville est grande; la maisonnette est petite. J'aime la soupe chaude et l'eau fraîche. Le linge est blanc, l'encre est noire, l'herbe est verte et le ciel est bleu. J'ai vu à la campagne une jolie maison blanche. Le sang est rouge, le tourne-sol est jaune, l'âne est gris et ces bancs sont bruns. Le tableau noir est carré, l'anneau est rond, le canif est pointu et tranchant. La vitre est transparente. Le mur est opaque. Cette eau est tiède; celle-ci est froide et celle-là est glacée. Voici de l'eau chaude

23.

LES HABITATIONS (INTÉRIEUR*).

J'entre dans la maison par la porte.

*Tableau N° 9.

Je suis dans le vestibule. Devant moi
est l'escalier qui conduit au premier
étage, je vois au fond la porte de la
cave. Je suis au rez-de-chaussée; le
premier étage est au-dessus, la cave
est au-dessous. L'escalier est en bois;
il a des marches ou degrés et une rampe.
Comptons les marches que nous voyons;
il y en a d'autres qu'on ne voit pas
d'ici. On monte l'escalier et on le des-
cend en se tenant à la rampe. Ne vous
penchez pas par-dessus la rampe, de
peur de tomber.

24.

Suite.

Au haut de l'escalier nous trouvons
une cuisine; elle est propre et bien ran-
gée. A droite je vois un âtre et par-dessus le manteau de la cheminée. L'âtre
est haut et carré; il a quatre ouvertures : deux réchauds, un four et un
cendrier. La cheminée est pleine de

suie; il faudra faire venir le ramoneur.
A gauche, près de la fenêtre est un
évier et un égouttoir; c'est pour laver
et sécher la vaisselle. Auprès il y a un
rayon pour y poser les plats et les écuelles. La cuisine est vide. Nommez les
ustensiles que la cuisinière y apportera.

25.

SUITE.

Passons dans la chambre qui est à
côté. La chambre est vide comme la
cuisinè. C'est peut-être un logement à
louer. La chambre est belle et propre;
elle est tapissée à neuf d'un papier rose.
Le plafond est en plâtre et le plancher
en bois. Il n'y a qu'une fenêtre, mais
elle est grande et claire. La fenêtre a
huit carreaux en verre bien transparent.
Elle s'ouvre et se ferme par une espa-
gnolette. Elle est garnie de deux rideaux blancs. Nommez les meubles

que l'on pourrait mettre dans cette
chambre.

26.

SUITE.

Nous redescendons au rez-de-chaussée et de là nous descendons à la cave
par un escalier tournant, en pierres de
taille. La porte de la cave est ouverte.
La cave est sous terre; elle est souter-
raine. La cave est voûtée; elle reçoit
le jour par un soupirail. La cave sert
à conserver le vin, la bière et d'autres
provisions de ménage. Quel grand ton-
neau! Il peut contenir au moins quinze
hectolitres de vin. Les douves en sont
épaisses et retenues par de forts cercles
en fer. Il a un trou bouché dans le fond
et un autre dans le haut. Celui du haut
est fermé par la bonde. A côté du ton-
neau est un cuveau et un baquet. Al-
lons-nous en, puisque le maître n'y est
pas.

27.

LES HABITATIONS (Extérieur*).

Je vois sur ce tableau une maison de ville, une maison de campagne, un chalet et une chaumière.

La maison de ville est neuve, belle et bien bâtie. Elle est construite en pierre. Elle a des fondements, un rez-de-chaussée, un premier étage, un deuxième étage et un toit. Les fondements sont revêtus de pierres de taille et percés de deux soupiraux. Devant nous est la façade de la maison. Elle présente au rez-de-chaussée une porte et quatre fenêtres ou croisées. Devant la porte est un perron où l'on monte par deux marches. La porte est en bois de chêne; elle a une bonne serrure pour la tenir fermée pendant la nuit. Au-dessus de la porte est une imposte vitrée pour donner du jour au vestibule.

---

*) Tableau No 8.

28.

Suite.

Entre le rez-de-chaussée et le premier étage il y a un cordon de pierre en saillie. Au premier étage il y a cinq croisées à la façade et quatre sur le côté. Le second étage est plus bas que le premier; il n'a que quatre fenêtres, dont deux à la façade. Les fenêtres du rez-de-chaussée sont garnies à l'extérieur de volets bruns et à l'intérieur de rideaux blancs; celles du premier étage ont des jalousies vertes. Combien y a-t-il de jalousies ouvertes? Combien de volets sont fermés?

Le toit est en pente pour laisser écouler les eaux de pluie. Il est couvert de tuiles rouges faites en terre cuite. Sur le faîte du toit est la cheminée. C'est une ouverture par où passe la fumée du foyer. La cheminée est le chemin de la fumée.

29.

Suite.

La maison de campagne n'est pas aussi belle que la maison de ville; elle est plus vieille et plus simple; mais elle est vaste et commode. Elle a une cour entourée d'une clôture dont le bas est en pierre et la partie supérieure en planches. Une porte cochère conduit dans la cour; cette porte est fermée au loquet. Il y a une maison de devant et une maison de derrière. La maison de devant sert d'habitation au propriétaire. Elle a des fondations en pierre, un rez-de-chaussée, un étage et des mansardes. Dans le toit on a pratiqué des lucarnes. Sur le toit il y a une cheminée et une girouette. La girouette tourne à tous les vents. La maison de derrière renferme les étables, la grange, le grenier à foin et les logements des valets de charrue. La maison de derrière est bâtie en bois et en briques.

30.

Le chalet est adossé à des rochers. C'est une cabane de montagnards. Elle est soutenue par un petit mur en pierre qui égalise le sol. Tout le reste de cette construction est en bois. Il y a un rez-de-chaussée avec une porte ouverte et deux fenêtres dont une grande et une petite. Au-dessus est un étage dont les fenêtres donnent sur une galerie. Vers la plaine il y a un balcon d'où l'on doit avoir une vue étendue. Le toit est en planches, avec de grosses pierres qui empêchent que les planches ne soient enlevées par le vent.

31.

La chaumière est couverte de paille ou de chaume. Elle est adossée à une vaste grange aussi couverte de chaume.

La chaumière n'a pas d'étage. La partie de devant sert d'habitation ; elle a des fenêtres garnies de petites vitres rondes. La partie de derrière est en pierre et sert d'écurie. Elle a une porte cintrée et deux ouvertures étroites au lieu de fenêtres. Cette chaumière est suffisante pour une famille de laboureurs. Elle renferme tout ce qui est vraiment nécessaire. On peut être heureux dans une maison encore plus pauvre quand on a bonne conscience. Le méchant est malheureux, même dans un palais.

32*).

LE TEMPS.

Aujourd'hui, hier, demain.

Aujourd'hui je suis à l'école. Hier je n'ai pas été à l'école, parce que c'était Dimanche. J'irai à l'école demain.

---

*) Même observation qu'au paragraphe 12, pour les parags. 32 à 39.

Le jour, la nuit; le matin, le soir; midi, minuit.

Je me suis levé ce matin et j'ai déjeûné. Maintenant je suis en classe et je lis. A midi je dînerai. Ce soir je souperai et je me coucherai. Cette nuit je dormirai.

Minuit est le milieu de la nuit; midi est le milieu du jour.

Avant, pendant, après.

Avant la classe on joue; pendant la classe on travaille; après la classe on rentre à la maison.

Ce qui était avant c'est le passé. Ce qui est maintenant est le présent. Ce qui sera plus tard est le futur.

33.

DIVISION DU TEMPS.

Dans une année il y a quatre saisons : le printemps, l'été, l'automne et l'hiver.

En hiver il fait froid, on fait du feu.

Au printemps le soleil est plus chaud ; les feuilles et les fleurs paraissent.

En été il fait très-chaud : les moissons jaunissent ; on fait les foins, on coupe les blés.

En automne on a de très-bons fruits, on mange du raisin, on fait les vendanges et il recommence à faire froid.

Dans quelle saison sommes-nous maintenant ?

L'année a douze mois : Janvier, Février, Mars, Avril, Mai, Juin, Juillet, Août, Septembre, Octobre, Novembre et Décembre. Dans quel mois sommes-nous maintenant ?

34.

SUITE.

Le mois a trente ou trente-un jours. Sept jours font une semaine. Les sept jours sont : Lundi, Mardi, Mercredi, Jeudi, Vendredi, Samedi et Dimanche. Le septième jour est le jour du repos ordonné par l'Eternel. Dans quel jour de la semaine sommes-nous?

La journée a vingt-quatre heures. Combien d'heures y a-t-il que nous sommes en classe? On compte les heures depuis midi et depuis minuit. On divise l'heure en deux demi-heures, ou en quatre quarts d'heure, ou en soixante minutes. Quelle heure est-il? A quelle heure vient-on en classe le matin? A quelle heure l'après-midi? Pourquoi ne va-t-on pas en classe le Dimanche?

35.

EXERCICE SUR LE VERBE AVOIR.

J'ai maintenant un livre. Mon ami, tu as maintenant un crayon. Louis a maintenant un cahier; il a un cahier; Louise a un cahier; elle a un cahier. Nous avons tous maintenant des livres. Mes amis, avez-vous des mouchoirs de poche? Monsieur, avez-vous de la craie?

Charles et Gustave ont des casquettes;
ils ont maintenant des casquettes. Caro-
line, Cécile et Fanny ont des tabliers;
elles ont des tabliers blancs.

36.

SUITE.

J'avais un arrosoir hier, mais je l'ai
perdu. Mon frère, tu avais ton livre
ce matin. Mon père avait la fièvre la
semaine passée; il avait aussi mal à la
tête. Nous avions congé hier. Monsieur,
vous aviez hier votre canne à la promenade. Mes sœurs avaient leurs robes
neuves Dimanche dernier; elles avaient
des fichus roses. J'aurai mon livre demain. Tu auras ton goûter ce soir. Ma
mère aura soin de moi, toujours. Nous
aurons un billet de satisfaction samedi.
Vous aurez tous des cerises en été. Les
enfants auront des cadeaux à Noël.

37.

VERBE ÊTRE.

Je suis maintenant en classe. Tu es aussi en classe. George est un bon garçon; il est aimé de ses camarades. Nous sommes attentifs. Mes amis, vous êtes paresseux. Charles et Théodore sont maintenant plus sages; ce sont de bons élèves.

Hier je n'ai pas été sage, mais je suis attentif aujourd'hui et je serai encore studieux demain. Tu seras aimé de tes parents si tu es obéissant. Mon frère et ma sœur ont été punis jeudi dernier; nous serons tous récompensés demain. Les moutons seront tondus au printemps. L'enfant a été mordu par le chien. Vous serez heureux si vous êtes vertueux.

38.

MARCHER, COURIR, SAUTER *).

Je marche en ce moment; tu marches; Edmond marche; il marche; Louise marche; elle marche; nous marchons; vous marchez; Alfred et Jean marchent; ils marchent; Elise et Laure marchent; elles marchent.

J'ai couru hier; tu as couru avant-hier; Charles et Gustave ont couru avant la classe; nous avons couru; vous avez couru; mes sœurs ont couru ce matin.

Je sauterai demain; tu sauteras ce soir; Jeanne sautera après la classe; elle sautera avec plaisir; nous sauterons tous deux; vous sauterez demain; Louis, Charles et sa sœur sauteront dans le jardin.

---

*) Ces verbes et d'autres doivent être, autant que possible, conjugués par les élèves, *en action et en paroles*.

39.

OUVRIR, FERMER, DONNER, PRENDRE.

Maintenant j'ouvre la porte; tu ouvres ton livre; en ce moment il ouvre la fenêtre; nous ouvrons la bouche; vous ouvrez les yeux; Charles et Théodore ouvrent leur cahier.

Hier j'ai fermé ma porte; tu as aussi fermé la tienne; le portier a fermé la grille de l'école; nous avons fermé nos livres depuis un instant; vous avez fermé vos cahiers; ils ont fermé la fenêtre.

Je donne un livre à Charles; tu donnes l'éponge à ton frère; Dieu donne la vie aux hommes; nous donnons la main à nos amis; vous donnez du pain aux pauvres; mes sœurs donnent en ce moment à manger aux oiseaux.

Je prends ce livre. J'ai pris cet oiseau hier. Oscar prendra un bain demain.

40.

LES ÉDIFICES PUBLICS *).

Ce tableau représente des édifices publics. On appelle ainsi des constructions qui n'appartiennent pas à une seule personne, mais qui ont été élevées dans l'intérêt de tout le monde; pour l'utilité des pauvres aussi bien que pour celle des riches.

Il est sévèrement défendu de gâter ou de salir les édifices publics, de même que les propriétés particulières. Les méchants enfants qui y font du dégât, sont souvent surpris par les gardes de police qui les conduisent en prison. Ils reçoivent aussi souvent des personnes qui les voient faire, une correction bien méritée, ou bien ils sont punis à l'école. Mais les bons élèves ne font rien de semblable, parce qu'ils savent qu'il ne faut pas faire le mal.

*) Tableau No 10.

41.

Suite.

Sur ce tableau il y a une église, une fontaine et un pont.

L'église est la maison de Dieu; c'est ordinairement le plus beau comme le plus élevé des édifices d'une ville. Celle-ci est tout en pierre; elle a une nef principale, deux nefs latérales et deux tours; par derrière est le chœur qu'on ne voit pas. Les tours sont hautes de cinq étages outre le rez-de-chaussée. Le premier étage est percé d'une rosace, le second de deux fenêtres en ogive; le troisième également; au quatrième étage est le cadran de l'horloge; au cinquième, qui renferme les cloches, il y a une grande fenêtre en ogive. Ces tours sont appelées clochers, parce qu'elles contiennent les cloches. Au-dessus sont des toits pointus couverts en ardoises et tout en haut nous voyons la croix.

7

42.

Suite.

La nef principale est aussi surmontée d'une croix; au-dessous est une rosace et plus bas deux grandes fenêtres ogivales. Le portail est précédé d'un parvis décoré de statues; on y monte par des marches en pierre rose.

La façade de l'église est éclairée par le soleil qui lui donne une couleur dorée; le reste est dans l'ombre. Les aiguilles des cadrans marquent l'heure. Elles sont maintenant sur le chiffre douze. Quelle heure est-il?

On va à l'église pour prier Dieu; il faut s'approcher de sa maison avec respect.

43.

Suite.

La fontaine se compose d'un corps et d'une auge. Le corps est en pierre sculptée et surmonté d'une urne. Il est percé de trois tuyaux qui laissent échapper une eau limpide. L'auge sert à retenir l'eau qu'on puise avec des baquets. Elle est aussi en pierre et de forme octogone; cela veut dire qu'elle a huit côtés. Les fontaines coulent constamment, excepté dans les temps de sécheresse; leur eau est amenée dans des conduits souvent de très-loin. L'eau des puits, au contraire, est élevée par un mécanisme qu'on appelle une pompe. A la campagne on puise ordinairement avec des seaux.

44.

SUITE.

Le pont sert à passer par-dessus la rivière, à pied ou en voiture. Ce pont a deux arches séparées par un pilier, le tout en grosses pierres taillées. Au-delà de l'arche de gauche nous voyons sur le rivage une maisonnette presque cachée dans des arbustes; auprès est un batelet, avec son mât, sa voile et son pavillon. Sous l'arche de droite passe un radeau construit avec des troncs d'arbres dépouillés de leur écorce. Trois mariniers chaussés de grosses bottes de cuir, conduisent ce train de bois et le dirigent à l'aide de longues perches. Le premier paraît très-grand, le second plus petit et le troisième semble un nain. Mais ils sont réellement tous trois à peu près de même taille.

45.

Suite.

Nous n'apercevons pas le dessus du pont qu'on appelle le tablier et sur lequel passent les piétons et les cavaliers, la lourde charrette du roulier, le léger cabriolet et l'élégante calèche, en un mot toutes les voitures. Il est garni de chaque côté d'une balustrade en fer qu'on appelle aussi garde-fou, parcequ'elle empêche les pauvres fous et les enfants étourdis de tomber à la rivière.

46.

INTÉRIEUR D'UNE EGLISE*).

Les hommes et les jeunes garçons se découvrent en entrant à l'église ; on y fait ses prières avec recueillement et l'on ne pense qu'à des choses sérieuses. Au-dessus de nos têtes s'élèvent des voûtes, soutenues par de belles colonnes de pierre sculptée qui séparent la nef principale des nefs latérales. Nous voyons adossée à une colonne la chaire d'où parle le prédicateur ; il y monte par un joli escalier qui tourne autour de la colonne. A côté sont les fonts baptismaux recouverts d'un tapis rouge bordé de franges en or. C'est là que l'on apporte les petits enfants pour recevoir l'eau du baptême, en présence

* Tableau N° 11.

de leurs parents, de leur parrain et de leur marraine.

47.

Suite.

Au fond de l'église est un autel entouré d'une grille en fer et surmonté de l'image de Jésus-Christ crucifié. Dans le fond du chœur sont des banquettes pour les enfants qui suivent le catéchisme. Au-dessus du Christ est le buffet d'orgues sur une tribune soutenue par deux piliers. Les tuyaux de l'orgue sont en métal et rendent des sons d'une harmonie majestueuse. La cloche suspendue dans le clocher appelle les fidèles au service divin. Elle est en bronze et dans l'intérieur est un battant qui frappe contre la cloche quand on la met en mouvement.

48.

LES AGES ET LES CONDITIONS*).

Un poupon. Un petit enfant. Un petit garçon et une petite fille. Un jeune homme; une jeune fille. Un homme; une femme. Un vieillard; une vieille femme.

Le fils, la fille; le père, la mère; le mari, la femme; le frère, la sœur; le grand-père, la grand'mère, le petit-fils, la petite-fille.

Le neveu, la nièce; l'oncle, la tante; le cousin, la cousine.

Le parrain, la marraine; le filleul, la filleule. L'orphelin, l'orpheline, le tuteur.

Le campagnard et le citadin. Le paysan, la paysanne. L'artisan, l'artisane. Le négociant; le marchand. Le fabricant, le contre-maître, l'ouvrier. Le maître, le compagnon, l'apprenti. Le

---

* Tableau N° 12.

magistrat. Le prêtre ou le pasteur. Le soldat, l'officier, le général. Les riches et les pauvres. Le propriétaire, le locataire. Le maître, le domestique.

49.

SUITE.

Sur ce tableau je vois une jeune fille qui porte sur son dos un petit enfant qui ne peut pas encore bien marcher; l'enfant rit et joue avec sa bonne. Voici un jeune garçon qui court en poussant devant lui un cerceau; il le dirige habilement pour ne pas incommoder les passants. Un campagnard jeune et vigoureux s'en va gaiement au travail; de son bras nu il porte une bêche, et sur l'épaule un sac avec ses provisions.

Près de lui s'avance sa jeune femme tenant à la main un râteau et son grand chapeau de paille. Ce sont des paysans alsaciens. Leur costume est propre; leur visage est frais; ils sont bien portants et paraissent heureux. C'est qu'ils sont laborieux et honnêtes.

50.

SUITE.

Plus bas, c'est un invalide qui cause avec un vieux paysan assis sur un banc. Tous deux ont bien travaillé quand ils étaient jeunes et forts; maintenant ils se reposent. Le vieux soldat raconte les guerres qu'il a faites et surtout la bataille où il a perdu sa jambe gauche, emportée par un boulet de canon. C'est pourquoi il a une jambe de bois et s'appuie sur une béquille. Le paysan a aussi eu beaucoup à souffrir. D'abord il était pauvre; mais il a été toujours honnête, laborieux et économe. Il a eu confiance en Dieu et Dieu a béni son travail. Maintenant il a amassé du bien et il laisse travailler ses enfants qui l'aiment et le respectent. L'invalide reçoit une pension du gouvernement qu'il a bien servi. Une vieillesse honorée est la récompense d'une vie employée à faire le bien.

51.

Sur le banc de pierre à côté est assise une pauvre mère avec son enfant; ils sont bien malheureux; le père de famille est mort et la mère ne peut pas travailler pour nourrir son pauvre petit. Elle est obligée de demander l'aumône à un Monsieur qui passe et l'enfant tend aussi vers lui ses petits bras. Le Monsieur est bon et charitable. Il met la main dans sa poche pour tirer sa bourse. Il va donner à la pauvre femme un sou pour acheter du pain. Mais il parle aussi à la mendiante; il lui demande ce qu'elle sait faire; il veut lui donner du travail, pour qu'elle puisse gagner sa vie, ou la faire admettre à l'hôpital si elle est malade. Les riches sont les pères des pauvres.

52.

DIVERSITÉ DES PROFESSIONS.

Le travail est nécessaire à l'homme, au riche aussi bien qu'au pauvre. Le riche qui ne travaille pas s'ennuie. Sans travail il n'est pas de plaisir.

En général les riches travaillent de leur tête et les pauvres de leurs bras. Le travail de tête est plus pénible encore que le travail des mains, et il détruit bientôt la santé de ceux qui s'y livrent sans interruption.

Les principales professions qui exigent beaucoup de travail de tête, sont celles d'ecclésiastique, de médecin, d'avocat, de professeur, etc. On les appelle professions libérales.

53.

INDUSTRIE AGRICOLE.

Parmi les travaux manuels, le plus indispensable est la culture des champs.

Aussi l'agriculture est-elle particulièrement honorée et encouragée par le gouvernement.

Parmi les agriculteurs on distingue le *laboureur*, qui remue la terre avec la charrue, la bêche ou la pioche, qui ensemence les sillons et moissonne les épis ;

Le *jardinier-maraîcher* qui produit les légumes ;

Le *vigneron* qui cultive la vigne ;

Le *berger*, le *bouvier* et le *porcher* qui ont soin des troupeaux.

54

INDUSTRIE MANUFACTURIÈRE.

Les manufactures sont de grands ateliers, où de nombreux ouvriers travaillent, sous la direction de contremaîtres, pour le compte d'un fabricant ou patron.

Le salaire de l'ouvrier est plus ou moins élevé, suivant qu'il est plus ou moins habile et laborieux. Ce salaire n'est pas toujours très-considérable; mais le patron, qui peut gagner davantage, court aussi le risque de perdre ce qu'il possède, s'il ne parvient pas à bien vendre ses marchandises.

Le fabricant a donc bien des soucis; je préfère le sort de l'ouvrier laborieux et économe, qui est presque toujours sûr de gagner sa vie en travaillant.

55

LE COMMERCE.

Le négociant achète et vend en gros les produits de l'agriculture et de l'industrie; le marchand fait le commerce de détail. Le négociant a des magasins; Le marchand a une boutique. Il y a des magasins de vêtements, d'étoffes, de laine ou de coton filés. L'épicier vend le sucre, le café, le poivre, et en général les denrées coloniales. Le mercier vend les petits objets néces-

çaires aux tailleurs et aux couturières.
Il y a des marchands de fer, de po-
terie, de quincaillerie, de lingerie, de
chapeaux, de chaussures, etc.

56.

LES MÉTIERS.

Outre les ouvriers de fabrique, il
y a des artisans qui travaillent par petits
groupes et qui exercent des métiers.

Le meunier, le boulanger, le boucher, le charcutier, le brasseur, le
pâtissier, le confiseur, le laitier, exercent des métiers qui ont pour but la
nourriture de l'homme.

L'industrie du bâtiment comprend
le maçon, le charpentier, le menuisier,
le serrurier, le plâtrier, le vitrier, le
couvreur, le peintre en bâtiment, etc.

Les artisans qui travaillent à nous
vêtir sont le tailleur, la couturière, le
cordonnier, le chapelier, la lingère,

le fourreur, le gantier, le passementier, le teinturier, etc.

Il y a encore beaucoup d'autres métiers dont la liste serait trop longue.

57.

EXERCICE DE LANGAGE SUR LES ADVERBES *).

Le cerf est agile; il court *vite*. Le limaçon se traîne *lentement*. La porte s'ouvre *aisément*; mais la serrure du pupitre est dérangée; elle s'ouvre *difficilement*. Ces chevaux tirent *péniblement* la voiture trop chargée; ils traînent *facilement* un léger char-à-bancs. Les loups mangent *gloutonnement*. J'ai *peu* dormi. Oscar a *beaucoup* de cerises, il en donnera à ses frères. Je parle *un peu* le français; je veux apprendre *beaucoup* de mots. Dans un livre il y a *beaucoup* de lettres. J'ai *peu* de frères, mais j'ai *beau-*

---

*) Même observation qu'au paragraphe 12.

coup de camarades. Cette image est *assez* belle; mon frère dit qu'elle est *très*-belle; c'est la *plus* belle du livre. Je lis *difficilement*; je suis *trop* distrait; je ne suis pas *assez* attentif. Avez-vous appris votre leçon? *Oui*, Monsieur. Ne serez-vous plus méchant? *Non*, je le promets. La cloche sonne *fortement*. La sonnette tinte *faiblement*. Cet enfant est tombé *lourdement*. Marchez *légèrement* dans la chambre d'un malade; parlez-lui *doucement*; ne le touchez pas *rudement*.

58.

EXERCICE DE LANGAGE SUR LES PREPOSITIONS *).

Voilà bien des oiseaux, au plumage riche et varié. *Dans* la cage est la huppe; elle est *en* cage. Le martin-pê-

---

*) Pour l'étude de ce paragraphe, nous avons fait dresser un tableau spécial, représentant une cage avec les oiseaux qui sont mentionnés ici. Il est facile de remplacer cet exercice par un autre analogue.

cheur est *sur* la cage; le coq et les poules sont *sous* la cage. Le pic est *devant* la huppe; le pinson est *derrière* la huppe. La huppe est *entre* le pic et le pinson, le coq est *parmi* les poules. Le moineau, entre *dans* la cage; il rentre *chez* lui. Le pinson sort *de* la cage; il s'en va *par* la porte ouverte. Le serin et l'hirondelle retournent *à* la cage. Ils volent *vers* la cage. La poule est pleine d'amour *pour* ses poussins. Le pic se heurte la tête *contre* les barreaux. La cage est faite *pour* les oiseaux. Les hirondelles partent *pour* les pays chauds.

59.

SUITE.

Le serin revient *avec* l'hirondelle. La cigogne est là *sans* compagnon. Tous ces oiseaux volent bien, *hors* le coq et les poules. *Outre* le coq je vois trois poules et quatre poussins. Ils sont *loin de* la maison. La poule grise est *auprès du* coq.

L'hirondelle vole *à côté du* serin. Le poussin passe *au travers des* pattes de la poule, ou *à travers* ses pattes. Le coq est *au milieu des* poules. Les poules sont *autour du* coq. Le pic se tient *vis-à-vis* la huppe. Le serin est jaune *de* la tête *jusqu'à* la queue. La cage est *en* fil *de* fer. La maison est *en* pierre.

Le coq s'éveille *avant* le jour. Les oiseaux chantent *pendant* l'été. L'hirondelle revient *après* l'hiver ; elle est absente *depuis* l'automne. Les poules se couchent *dès* le soir.

60.

DES FORMES ET DES COULEURS.

Ceci est une ligne droite :

Ceci est une ligne brisée :

Ceci est une ligne courbe :

Ceci est une ligne sinueuse :

Ces deux lignes-ci sont parallèles :

Voici un angle droit :

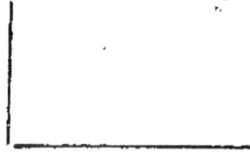

Voici un angle aigu :

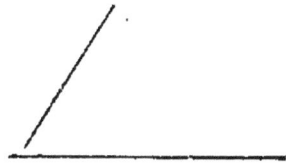

Voici un angle obtus :

61.

SUITE.

Ceci est un triangle :

Ceci est un carré :

Ceci est un cercle :

Ceci est un ovale :

Ceci est un cube :

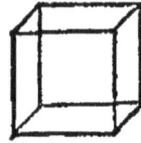

Ceci est une pyramide :

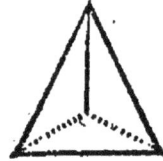

Ceci est une sphère :

Montrez dans cet appartement une ligne droite, — un angle droit, — un cube... etc.

62.

Suite.

Dites les couleurs de tous les objets qui sont dans cet appartement.

Nommez des objets blancs..., rouges ..., verts..., bleus..., oranges..., lilas......, châtains...... Qu'est-ce qu'une nuance ? Dites un objet qui soit à la fois sphérique et jaune... un objet ovale et blanc... Quelle est la forme d'un dé à jouer?

Quel est le plus court chemin d'un point à un autre ?

63.

QUADRUPÈDES. LE CHIEN *)

Le barbet, l'épagneul, le dogue, le lévrier et les chiens en général sont des animaux domestiques. Le barbet sert de guide à l'aveugle, le dogue garde nos maisons, le lévrier et l'épagneul sont des chiens de chasse.

Le chien aime son maître avec tendresse; il témoigne de la joie quand il le voit arriver; il est triste lorsqu'il l'a perdu; il le cherche alors partout avec inquiétude jusqu'à ce qu'il l'ait retrouvé. Il y parvient en flairant les traces de ses pas. Le chien a l'odorat si fin qu'il sent et reconnaît les traces d'un homme ou

---

* Tableau N⁰ 13.

d'un animal quelque temps après son passage. Non seulement il court avec une vitesse surprenante, mais il se fatigue difficilement. Ces qualités le rendent très-utile aux chasseurs.

64.

LE LOUP ET LE RENARD.

Il y a un quadrupède qui ressemble beaucoup au chien extérieurement, mais dont le caractère est bien différent. C'est le loup, animal sauvage et féroce. Sa couleur est d'un gris brun; sa longueur est d'un peu plus d'un mètre. Il est très-fort, agile et adroit. Il prend et dévore les moutons, les chevreuils, les veaux et d'autres animaux. Quand il est affamé, il attaque les enfants et quelquefois les hommes. Sa femelle est la louve. Il est surtout dangereux en hiver, quand la faim le chasse hors du bois.

Le renard, autre animal sauvage, est remarquable par son caractère rusé et

par son adresse. C'est le fléau des bas-
ses-cours.

65.

LES CHATS *).

Parmi les chats, les uns sont domestiques et les autres sauvages. Quand vous
jouez avec votre chat favori, il fait patte
de velours; mais il sait aussi donner de
bons coups de griffes, au moment où
l'on s'y attend le moins. C'est un traître
dont il faut se méfier.

Les chats ont encore dans leurs mâchoires courtes et garnies de dents très
aiguës, des armes redoutables. Ils ont
l'ouïe extrêmement fine et voient la
nuit presque aussi bien que le jour.

66.

SUITE.

Les animaux les plus forts et les plus

---

* Tableau N⁰ 14.

féroces, le lion, le tigre, et le léopard, appartiennent au genre des chats. Ces grands carnassiers n'habitent que les pays chauds. Il y a de terribles lions en Algérie ; nos plus braves soldats leur donnent la chasse.

Dans nos forêts on trouve encore fréquemment des chats sauvages qui sont très-méchants. Le lynx ou loup-cervier est heureusement plus rare chez nous. Il se distingue des chats par la forme de sa queue et par le pinceau de poils qui surmonte ses oreilles. Le lynx et le chat sauvage se cachent dans le feuillage des arbres, pour s'élancer de là sur leur proie.

67.

L'OURS ET LE BLAIREAU.

On appelle *plantigrades* certains quadrupèdes, qui, en marchant, appuient toute la plante du pied sur la terre. Tels sont l'ours et le blaireau.

L'ours brun se trouve encore dans les

Pyrénées, hautes montagnes qui séparent la France de l'Espagne. Il vit de grains, de fruits, de racines, de miel et de la chair des animaux.

Il n'attaque l'homme que lorsqu'il est provoqué.. Se tenant debout sur ses pattes de derrière, il cherche alors à l'étouffer ou à le renverser avec celles de devant.

L'ours a une épaisse fourrure qui lui permet de passer l'hiver dans une espèce de sommeil appelé léthargie. La longueur de cet animal est d'environ un mètre et demi.

Le blaireau, qui est beaucoup plus petit que l'ours, se nourrit de serpents, de grenouilles, de glands et de fruits. Au moindre bruit il s'enfuit dans son terrier.

68.

LA BELETTE, LA MARTRE, LA LOUTRE.

Ce sont de petits quadrupèdes à formes

grêles, qui peuvent se glisser par les plus petites ouvertures. Leurs fourrures sont fines et douces au toucher.

La belette est brune en-dessus et blanche en-dessous. Quand elle a pu se faufiler dans un poulailler, elle commence par tuer toutes les poules par une seule blessure qu'elle leur fait à la tête , et les emporte ensuite l'une après l'autre.

La martre des bois est brune avec une tache jaune sous la gorge. Elle dévore une grande quantité de petits quadrupèdes et d'oiseaux.

La loutre vit au bord des étangs et des cours d'eau, et se nourrit de poissons. Elle nage fort bien et peut rester longtemps sous l'eau. Sa peau sert à faire des casquettes.

69.

PIEDS A DOIGTS SÉPARÉS ET PIEDS A SABOT

Tous les quadrupèdes dont nous avons

parlé, ont les doigts de leurs pieds séparés et flexibles, et sont généralement carnivores. Il en est de même de quelques petits animaux insectivores*), comme la chauve-souris qui fuit la lumière, le hérisson qui est couvert de piquants au lieu de poils et la taupe qui creuse, dans nos prairies, de longues galeries souterraines.

Il en est de même encore des *Rongeurs*, parmi lesquels on peut citer le rat des villes et le rat des champs, la souris, l'industrieux castor, le loir, l'écureuil et le lièvre.

Nous allons nous occuper maintenant de quadrupèdes qui ont les doigts du pied enveloppés dans un ou deux sabots de corne. Ce sont les plus utiles à l'homme.

---

* Tableau N° 15.

70.

RUMINANTS. LE CERF.

Parmi ces animaux on distingue les *Ruminants*, qui ont à chaque pied deux doigts enveloppés dans deux ongles. On dit qu'ils ont le pied fourchu. Les ruminants sont tous herbivores. Ils avalent les aliments sans les mâcher complètement et, quelque temps après, ils les font remonter dans la bouche pour achever de les broyer. C'est ce qu'on appelle ruminer. Ils portent presque tous des bois ou des cornes. Ce sont de grands animaux peu intelligents, mais très utiles à l'homme, auquel ils donnent leur peau, leur chair, leur lait et leur graisse.

Le cerf porte des cornes osseuses qu'on nomme bois et qui se renouvellent tous les ans. La biche, femelle du cerf, est privée de cet ornement.

---

* Tableau N 16.

Le cerf, le chevreuil et le daim habitent les forêts; ils ont les jambes longues et fines et sont très-légers à la course.

71.

LES CHÈVRES*).

Le bouc et la chèvre, ainsi que le chamois des Alpes, sont aussi des ruminants.

Le chamois est d'une agilité surprenante. Il fuit la présence de l'homme et ne se plait que sur les rochers les plus escarpés et dans les sites les plus sauvages. On en trouve encore, mais en petit nombre, sur les Alpes de la Suisse.

La chèvre a d'ordinaire le menton garni d'une longue barbe. Elle est d'humeur vagabonde et aime à grimper sur les rochers. Le lait de chèvre est ex-

* Tableau Nº 17.

cellent et salutaire à la santé. Le poil de chèvre sert à tisser des étoffes.

72.

LES MOUTONS *).

Aux ruminants appartiennent encore les moutons et les bœufs. Le bélier, la mère brebis et son petit agneau forment de nombreux troupeaux qui nous donnent chaque année leur toison.

La tonte a lieu en été, quand ces animaux peuvent se passer de leur fourrure sans inconvénient.

La laine est d'abord lavée avec soin pour la débarrasser du suint. Puis la laine est peignée, cardée ou filée avec le secours de machines qui abrègent le travail.

La laine filée sert à faire des bas et d'autres vêtements en tricot. On l'emploie encore, de même que la laine car-

* Tableau N° 17.

dée à tisser des étoffes, comme le drap, la castorine, la flanelle, etc.

C'est donc aux moutons que nous devons nos vêtements les plus chauds et les plus sains. Nous mangeons encore leur chair, et le lait de la brebis sert à faire d'excellents fromages.

73.
LES BOEUFS *).

Les troupeaux de moutons sont conduits par des bergers, et les troupeaux de bœufs par des bouviers.

Le taureau qui est comme le chef du troupeau est d'un caractère farouche; il faut se garder de l'exciter et surtout de lui montrer des objets de couleur rouge. Devenu furieux il renverse tout sur son passage, et fait avec ses cornes des blessures très dangereuses.

Les bœufs sont plus faciles à conduire. Ces animaux patients et forts traînent les

Tableau N° 18.

plus lourds chariots, et tirent péniblement la charrue du laboureur.

La vache nous donne cet excellent lait que nous aimons tant. Après être resté doux pendant tout un jour, il se caille et l'on en tire du petit-lait, du beurre et du fromage.

74.

BÊTES A PEAU ÉPAISSE.

Les ruminants ont en général la peau assez mince et souple quoique résistante. On se sert de la peau du daim, du chamois et du cerf, pour faire des culottes utiles aux personnes qui montent beaucoup à cheval. Celle de la chèvre et du mouton sert à faire des gants, et l'on emploie le cuir des bœufs et des vaches pour fabriquer des chaussures.

D'autres animaux, comme l'âne et le cheval ont la peau beaucoup plus épaisse. Ils ne ruminent pas et n'ont au pied qu'un seul sabot, que l'on peut garnir d'un fer pour qu'il s'use moins vite. Ce sont aussi des animaux domestiques très-utiles comme bêtes de somme, mais qui en général, ne servent pas à notre nourriture.

75
L'ANE*).

L'âne est patient et sobre. Serviteur utile de l'homme, il n'a rien de ce qui plaît et rend agréable. Ses longues oreilles et son cri bizarre ont fait de lui un objet de moquerie; mais quoiqu'il soit un peu têtu, il faut estimer cet animal pour ses bonnes qualités et pour les services qu'il nous rend.

La peau d'âne comme celle de mouton, sert à faire le parchemin, sur lequel autrefois on écrivait les livres que l'on imprime aujourd'hui sur le papier. On en fait encore des agendas ou des calepins, sur lesquels ce qui a été écrit au crayon peut être effacé. La peau des tambours est aussi de la peau d'âne.

* Tableau N⁰ 18.

76.

LE CHEVAL *).

Le cheval sert dans la campagne à peu près aux mêmes usages que le bœuf; mais il a sur celui-ci l'avantage de la vitesse et d'une intelligence plus développée.

Le cheval obéit au cavalier: il est à la fois docile, hardi et courageux; on dirait qu'il est fier de porter l'homme; il s'anime, il s'égaie lorsqu'il est bien monté. Il connaît son maître; il hennit à sa vue, et il lui donne des signes d'attachement. Enfin le cheval est une des plus belles créatures de Dieu.

Si nous estimons l'âne, nous sommes obligés d'aimer le cheval.

Après sa mort, le cheval nous donne encore son cuir et ses crins.

77.

CRIS DES ANIMAUX.

Les cris de quelques animaux ont des noms particuliers qu'il faut connaître.

L'âne brait, le mouton bêle, le bœuf mugit, le cheval hennit, le chien aboie ou jappe et le chat miaule.

---

* Tableau N⁰ 18.

Le lion et le tigre rugissent, le loup hurle, le renard glapit.

Le coq chante, la poule glousse, le paon crie, le hibou hue, le corbeau croasse.

Le pigeon roucoule, l'hirondelle gazouille, le serin siffle, la fauvette et le rossignol chantent.

La grenouille coasse,

Le poisson est muet.

78.

OISEAUX *).

Il y a aussi des oiseaux sauvages et des oiseaux privés ou domestiques.

L'aigle, le vautour, le faucon, le milan, la buse, l'épervier sont des oiseaux de proie dont les enfants ne doivent jamais s'approcher de trop près, quand même ils sont dans des cages; car ils peuvent lancer, à travers les barreaux, un coup de leurs serres aiguës ou de leur bec crochu.

Le hibou est un oiseau de proie nocturne, qui se tient caché pendant le jour et fait entendre la nuit des cris lugubres.

---

* Tableaux Nos 19 à 27.

79.

Suite.

Le rossignol, la fauvette, la linotte, le pinson, le chardonneret et le rouge-gorge sont des oiseaux chanteurs, dont il n'est pas permis de détruire les nids. Il faut les laisser chanter en liberté.

La cigogne, l'hirondelle, la bécasse sont des oiseaux voyageurs, qui nous quittent pendant l'hiver pour aller dans des pays plus chauds.

Parmi les poules quelques-unes sont sauvages, comme la perdrix, le faisan, la gelinotte, le coq de bruyère. D'autres sont domestiques, comme la poule commune, le coq d'Inde, la pintade et le paon au superbe plumage. Parmi les oiseaux domestiques ou de basse-cour, il faut nommer encore l'oie et le canard.

80.

AMPHIBIES ET REPTILES*).

Les reptiles rampent au lieu de marcher. La couleuvre est un reptile non venimeux. Mais la morsure de la vipère devient mortelle, si elle n'est pas de suite cautérisée. Ce sont là les espèces de serpents les plus communes dans nos pays.

* Tableaux Nᵒˢ 28 et 29.

Le lézard est un reptile quadrupède qui vit dans les crevasses des murs exposés au soleil et se nourrit d'insectes. Il ne faut pas faire de mal à cet animal innocent qui se laisse apprivoiser.

La grenouille et le crapaud sont des amphibies, c'est-à-dire qu'ils vivent dans l'eau ou hors de l'eau.

81.

POISSONS ET INSECTES*).

Les poissons ne peuvent vivre que dans l'eau. Ceux qu'on trouve dans nos rivières sont la carpe, la perche, le brochet, la truite, l'anguille et plusieurs autres. On les nomme poissons d'eau douce. Parmi les poissons de mer, la morue et le hareng nous arrivent salés en grandes quantités. La baleine est le plus grand des habitants de la mer.

La sauterelle, l'araignée, la mouche, les scarabées et toutes les espèces de papillons sont des insectes. Le ver ou la chenille, après être sorti de l'œuf, grandit rapidement; il semble ensuite s'endormir et devient chrysalide; enfin, de cette larve informe le papillon s'élance et vole de fleurs en fleurs, en étalant ses ailes bariolées.

---

* Tableaux Nos 30 et 31.

Ainsi l'homme grandit et se développe sur la terre ; puis il meurt et son corps tombe en poussière ; mais l'âme du juste s'élance vers le ciel, où elle jouit d'une béatitude éternelle.

82.

DIEU.

Tous ces animaux, depuis le plus petit insecte jusqu'à la baleine et à l'éléphant, toutes les plantes, depuis le cèdre gigantesque jusqu'au plus petit brin d'herbe, tous les hommes et tous les enfants, tout ce qui vit et tout ce qui ne vit pas, les pierres, les rochers et les montagnes, les ruisseaux, les fleuves et la mer immense, les nuages suspendus dans l'air, la lune et sa douce clarté, les étoiles qui scintillent dans la nuit, et le soleil qui nous éblouit de sa brillante lumière, tout ce qui existe, en un mot, est l'œuvre de Dieu.

Dieu est pour nous le meilleur des pères. Nos yeux ne peuvent le voir et nos mains ne peuvent le toucher. Mais il nous voit ; il est toujours avec nous ; il sait ce que nous faisons et ce qu'il nous faut. C'est lui qui pourvoit à tous nos besoins. Aimons-le, chers enfants, prions-le, ce tendre père, et craignons de l'offenser par notre désobéissance.

MULHOUSE, Imprimerie de J. P. RISLER.

www.ingramcontent.com/pod-product-compliance
Lightning Source LLC
Chambersburg PA
CBHW051726090426
42738CB00010B/2116